NOTICE HISTORIQUE

SUR

LA VILLE & LE COLLÉGE DE FELLETIN.

NOTICE HISTORIQUE

SUR

LA VILLE ET LE COLLÉGE

DE

FELLETIN

PAR

M. G.-A.-F. QUEYRAT

ANCIEN MAGISTRAT, AVOCAT A FELLETIN.

LIMOGES

HENRI DUCOURTIEUX, IMPRIMEUR-LIBRAIRE.

1862

A MES CONCITOYENS.

Dans les rares moments de loisir qui m'étaient laissés par le tourbillon des affaires publiques et privées, j'avais recueilli des documents et des faits qui pouvaient être utiles, un jour, à la ville que je devais habiter.

Je voulais écrire l'histoire de Felletin, et principalement l'histoire complète de son ancien collége, qui fut fondé et maintenu par la foi religieuse et le patriotisme des habitants.

Je voulais rehausser Felletin, raconter son ancienne splendeur, faire renaître dans le cœur de mes concitoyens le pur désintéressement de leurs ancêtres, en signalant à leur reconnaissance les nobles actes des hommes qui s'y sont succédé pendant le long espace de cinq siècles : je voulais faire aimer, comme je l'aimai toujours moi-même, cette ville aux belles traditions, à l'esprit élégant, à la physionomie variée, aux mouvements d'enthousiasme et de sympathie ; cette ville qui conserve encore quelque chose de l'importance que lui donnèrent son collége, son industrie, son commerce immense et ses fabriques renommées. Peut-être le zèle de sa nouvelle génération eût-il été réveillé !

Mais, hélas ! le temps qui marche avec la rapidité de l'éclair m'avertit que bientôt il serait trop tard ; j'essaie donc, humblement, de satisfaire le désir de toute ma vie ; et, sans ambition, je livre au public une simple notice des évènements qui se sont accomplis depuis la fondation du collége ; je nommerai les hommes généreux qui ont contribué par leurs bienfaits à consolider cette œuvre utile et glorieuse.

Mes renseignements sont extraits des anciens titres et terriers de la ville, dont plusieurs remontent au xiiie siècle, et, particulièrement, des notes écrites par un savant jurisconsulte dont la longue carrière fut consacrée à rendre des services à la ville de Felletin. Je veux parler de M. François Ruyneau de Saint-Georges, conseiller du roi, président-châtelain et lieutenant-criminel au siége royal de Felletin.

Grâce à l'incessante activité de cet illustre protecteur, notre ville reconquit tous les avantages dont elle avait été privée ; ce fut lui qui y fit rétablir la châtellenie royale, la subdélégation, le grenier à sel : par sa généreuse intervention, le collége national fut trois fois conservé, et se releva plus prospère que jamais ; il obtint, le 24 septembre 1770, un arrêt du conseil d'État qui créait à Felletin une école de dessin et annulait un précédent arrêt de 1736, qui avait imposé aux fabricants de tapis une marque spéciale. Rien ne coûtait à son dévoûmemt : on le vit, abandonnant ses affaires de famille, résider à Paris pendant une année entière pour obtenir le passage de routes royales à Felletin ; toutefois, on lui concéda le tracé de Paris à

Toulouse par Felletin, et la ligne de Lyon à Limoges.

Et quelle récompense était réservée à ses nobles efforts ?

Il devait être victime de la jalousie des méchants, qui ne pardonnent pas à qui fait le bien. On déchaîna contre lui les tempêtes révolutionnaires, et, sous la tyrannie des farouches proconsuls de la Convention, le comité de salut public fit vendre tous ses biens. Il fut traité en émigré, lui qui, de Felletin même où la malveillance le forçait à se cacher, écrivait chaque jour au comité, critiquant les délibérations prises la veille ! On expulsa violemment de sa maison tous les membres de sa famille, et, ne pouvant se saisir de sa personne, on le brûla en effigie sur la place publique ! Les registres du comité qui contenaient les noms des coupables étaient en mon pouvoir ; j'ai cru devoir les anéantir. Ces familles n'habitent plus à Felletin.

Se sacrifier aux intérêts publics, on le sait, ne conduit pas toujours au Capitole ! Une trop grande popularité nuit quelquefois, et la reconnaissance étouffe ceux qui rougissent d'en être redevables. « Les bienfaits, a dit Tacite, sont » reçus avec plaisir tant qu'on croit pouvoir les » payer. Quand ils dépassent la mesure, la haine » remplace la reconnaissance. »

Il est facile de briser des noms inscrits sur le granit par la reconnaissance de l'ouvrier ; il est même possible d'effacer des actes de gratitude ; mais les travaux accomplis et les services rendus restent : la tradition et la conscience publique justifient tôt ou tard.

Après ses malheurs, M. le président Ruyneau de Saint-Georges se montra aussi dévoué, aussi généreux qu'auparavant, et, quoi qu'en ait dit un jeune écrivain, *son humeur n'était pas tracassière :* il pouvait avoir les prétentions d'un savant, il en avait le droit ; mais jamais il ne chercha à se venger des injures de ses adversaires. On doit reconnaître qu'il fut le protecteur de la ville de Felletin, et que, si d'autres hommes avaient suivi ses traces, Felletin serait toujours la grande ville de la Marche.

Aujourd'hui il ne reste plus à l'antique cité

que son collége ; c'est, à peu de chose près, l'unique objet de son importance actuelle ; aussi doit-elle tenir plus que jamais à le conserver, à l'exalter : pour moi, je crois répondre à ce désir en lui offrant ce modeste récit.

Mon vœu le plus cher est qu'il lui soit utile et agréable.

QUEYRAT,

MAIRE DE LA VILLE DE FELLETIN EN 1830, 48, 49, 50 ET 51 ;
ANCIEN MEMBRE DU CONSEIL GÉNÉRAL DE LA CREUSE.

Felletin, 25 novembre 1861.

NOTICE HISTORIQUE

SUR

LA VILLE & LE COLLÉGE

DE FELLETIN.

CHAPITRE Ier.

NOTICE SUR FELLETIN.

§ 1.

VILLE DE FELLETIN. — COUP D'ŒIL GÉNÉRAL SUR LES PREMIERS TEMPS CONNUS DE FELLETIN.

FELLETIN, l'une des plus anciennes villes du département de la Creuse, faisait partie du Limousin avant l'érection de la province de la Marche en comté; les *Feltinenses,* qui ont donné leur nom à la ville, sont compris parmi les anciens habitants de la Gaule celtique. Des historiens croient qu'ils étaient ainsi nommés à cause de la déesse Felix ou Felis, à laquelle on aurait élevé un temple, et du ruisseau appelé Tin ou

Thin, qui traverse la ville. Elle était entourée de fossés, murs et tours crénelés, dont il reste encore quelques vestiges.

Saccagée et brûlée en 1128 et 1248, puis décimée par la peste, elle fut aussitôt reconstruite par ses habitants[1] ; elle est dominée, à l'est, par une montagne nommée *Baulmont*, où est situé l'un de ses faubourgs ; c'est sur ce sommet que s'élevait le château de la Tour, où résidait quelquefois Orengarde, comtesse de la Marche, épouse d'Aldebert III, pieuse dame qui changea l'odieux impôt que les seigneurs de Felletin prélevaient sur les femmes, après leurs couches, en une offrande d'huile pour l'entretien de la lampe du sanctuaire !

La mémoire de ce bienfait se perpétua de génération en génération, et le nom béni de cette noble femme fut toujours prononcé au milieu des familles avec un religieux respect. Nos ancêtres (et sur ce point ils valaient mieux que les hommes d'aujourd'hui), quand ils ne pouvaient

---

[1]. L'ancien pont jeté sur la Creuse et traversé par la route départementale qui conduit à Aubusson, est connu sous le nom de *Pont-des-Malades*. C'est là où l'on avait transféré les pestiférés. Depuis cette époque, on y avait établi des maisons de dépôt pour les pestiférés. (*Essais historiques sur la Sénatorie de Limoges*, par M. Duroux, publiés à Limoges en 1811.)

reconnaître un bienfait, savaient au moins conserver pour leurs bienfaiteurs le culte du souvenir.

Cette ville était protégée et patronée par les châteaux des illustres maisons Mourins-d'Arfeuille, d'Aubusson, Brachet du Maslaurent, et de Saint-Julien ; elle dut à la générosité de ces seigneurs et des riches familles de la cité tous ses grands établissements d'instruction et de bienfaisance, dont plusieurs existent encore.

Elle est assise au flanc d'une petite colline qui regarde l'occident, sur la rive droite de la Creuse, presque au centre d'un bassin fertile et pittoresque que dominent à peu de distance les montagnes du Puy-de-Dôme, du Mont-d'Or, de la Corrèze et de la Haute-Vienne. Elle était destinée, par sa position, à devenir la ville la plus florissante de la contrée. C'était le centre d'approvisionnement des provinces voisines ; son industrie et le commerce qui s'y faisait étaient immenses : fabriques de draps, manufactures royales de tapis de basse et haute lisse ; tanneries et minoteries très renommées ; papeteries, tissus, droguets, etc., etc.; telles en étaient les branches principales. Il s'y faisait des affaires tellement importantes, on y occupait un si grand nombre d'ouvriers, qu'en 1567, Charles IX y établit une Bourse consulaire (tribunal de commerce); il y avait aussi une châtellenie royale, une subdélégation (sous-préfecture), un bureau d'insinuation, un grenier à sel. Après la révolution de 1789 et lors de la première organisation judiciaire (24 août 1790), le tribunal du district y fut installé, sous la présidence de M. de Saint-Georges. Le conservateur des hypothèques et le receveur particulier des finances y résidaient. Ses foires attiraient une grande affluence de marchands et servaient à approvisionner les grandes villes [1]. Après la mort d'Henri III, Felletin reconnut et proclama Henri IV pour son roi.

Felletin avait ainsi grandi de siècle en siècle et acquis une importance incontestable. Aussi cette ville prétendait-elle, avec raison probablement, être la capitale de la Marche. C'était, en effet, dans son sein que résidait le lieutenant-général de la province. Cette prétention était écrite dans un ancien manuscrit, et un fait his-

---

1. La châtellenie royale de Felletin revint au pouvoir de la maison d'Aubusson de La Feuillade, en vertu d'un contrat d'échange passé les 14 et 23 juin 1686, entre Louis XIV et François d'Aubusson, duc de La Feuillade, pair et maréchal de France, qui donna en contre-échange au grand roi la terre de Saint-Cyr.

torique très important donne à la ville de grandes présomptions de certitude sur ce point. Par lettres-patentes de François Ier, du 13 mars 1521, la comtesse de la Marche fut autorisée à appeler les trois états pour rédiger les Coutumes du pays ; et, le 7 avril de la même année, après assignation par l'huissier de la cour du parlement, les trois états, régulièrement convoqués, se réunirent en la ville de Guéret, dans la maison de M. Barton de Montbas, sous la présidence de Roger Baune, président, et Nicole Brachet, conseiller du roi en la cour du parlement de Paris. Tous les religieux, prieurs, abbés, seigneurs, bourgeois, consuls des villes, jurisconsultes et magistrats de la province de la Haute et Basse-Marche se présentèrent afin de discuter et de rédiger les Coutumes. On y voit figurer les représentants de toutes les localités connues, à l'exception des prieurs, abbés communalistes, seigneurs et consuls de Felletin, qui firent défaut[1]. C'était une énergique protestation de la part des habitants de Felletin contre l'acte du roi qui allait les dépouiller de leurs anciennes prérogatives. Aussi ne donna-t-on pas à la ville de Guéret

---

1. Commentaire de Fournoue, pag. 250.

le titre de capitale de la Marche. Le procès-verbal de la rédaction de la Coutume porte seulement que la réunion a été fixée à Guéret, une des principales villes du comté.

Ce ne fut que dans l'édit de 1635, portant création d'un siége présidial à Guéret, que cette ville fut reconnue capitale.

En 1538, quelques rares habitants adoptèrent la réforme religieuse à l'exemple de ceux d'Aubusson ; mais il ne fut pas difficile de combattre et de détruire ce fait isolé de propagande hérétique, car l'esprit de la population fut toujours profondément religieux et attaché à la foi de ses pères ; ce qui est attesté par l'érection du collége, qui, dès le principe, fut constitué comme une forteresse contre les dangers de la réforme : et, à ce sujet, rien n'est plus digne de remarque que l'ancien écusson du collége, qui avait pour devise : *Time deum, Deo restitue*, et les armoiries de la ville de Felletin, à *croix de gueules*, au coin, avec cette légende : *In hoc signo vinces* ; et dont le champ, surmonté d'une couronne, est gardé par deux lions.

La ville était divisée, autrefois, en deux paroisses : le prieuré du Moustier, *cure en ville murée*, et l'église des communalistes de Beaumont, aussi *cure en ville murée*, parce qu'une partie de l'ancienne ville fortifiée était soumise à la juridiction de cette dernière église. Cette double division de l'administration spirituelle de la ville et banlieue de Felletin avait établi une rivalité assez prononcée entre les habitants des deux paroisses. Il en restait encore des traces légères, il y a quelques années; mais elles ont fini par disparaître.

§ 2.

PAROISSE ET MONASTÈRE DU MOUSTIER.

Le monastère de Felletin fut fondé et doté, vers l'année 1120 par les seigneurs de Felletin, d'Arfeuille, de Saint-Julien et d'Aubusson. Il dépendait du couvent de Sainte-Valérie de Chambon, et devint, en 1584, un bénéfice simple.

Le prieuré du Moustier était régi par un *prévost* ou *prieur* et plusieurs prêtres, qui possédaient des *rentes directes* considérables, dont une partie a fait retour à l'Hôtel-Dieu. Cette église était la première et principale paroisse, quoiqu'elle eût moins de population que l'autre. Elle était placée sous l'invocation de sainte Valérie en 1125, de saint Jean en 1582, et plus tard de saint Victor ; mais sainte Valérie était sa patrone titulaire. Le monastère était à la collation du prévôt de Chambon, qui y avait nommé depuis 1570 jusqu'en 1766. En 1783, il était possédé par un régulier.

On avait établi dans cette église : 1° une communauté de prêtres et un prieur curé ; 2° une vicairie à l'église de Sainte-Marguerite, augmentée par Jean Malsenque, époux de Dauphine de Montabret, à la collation, en 1465, du prieur de Felletin ; 3° une autre vicairie à l'autel de Sainte-Catherine, fondée avant 1581, qui existait en 1676, à la collation du prieur ; 4° une autre vicairie de Saint-Fiacre-du-Ballet, fondée en 1590, ayant pour bayles les riches et principaux habitants de la ville, à la collation du prieur ; 5° une autre vicairie de Saint-Sébastien, fondée en 1592 ; 6° une autre vicairie de Saint-Eutrope ; 7° une autre vicairie à l'autel de Saint-Léger, fondée par la famille Durand ; elle fut donnée au collége en 1588, par François Durand ; 8° une autre vicairie à Notre-Dame-la-Blanche, existant encore en 1753 ; 9° une aumônerie à la nomination des consuls : en 1777, elle était possédée par un prêtre de Limoges.

Dans la paroisse du Moustier, était aussi la

chapelle de Notre-Dame-de-Sainte-Espérance, bâtie en 1620, en l'honneur de la Sainte Vierge. La confrérie des pénitents blancs, érigée en 1612, s'y établit [1].

§ 3.

ANCIENNE ÉGLISE DE BEAUMONT. — CHAPELLE DU CHATEAU.

Une riche et nombreuse communauté d'abbés était établie dans le faubourg de Beaumont. Elle possédait des rentes et redevances immenses, qui furent supprimées par les lois de 1791 et 1792.

L'église des communalistes était de style bysantin, à double nef, aux pilliers massifs. C'était, dit la tradition, un ancien temple gaulois qui avait été transformé. On la voyait, il n'y a pas encore un siècle, dans le cimetière; mais le marteau du vandalisme est venu achever ce qu'avaient commencé les ravages d'un incendie allumé par l'imprudence des prisonniers de guerre qui s'y trouvèrent logés en 1793.

---

[1]. Cartulaires des abbayes de Chambon et des Ternes. Terrier reçu Jean Béchon, tabellion, le 15 août 1447.

Cette église était placée sous l'invocation de saint Blaize, évêque et martyr, à la collation du prieur de Chambon. Dans cette église, existaient : 1° une vicairie, fondée par Antoine de Nehou, de la famille d'Arfeuille, dans la chapelle de Saint-Martial, à l'autel de Sainte-Marguerite ; 2° une autre vicairie, fondée par Jean Feydeau, à l'autel de Sainte-Anne, pour un prêtre baptisé à Beaumont, qui ne serait pas bénéficier : à la nomination des successeurs Feydeau, et à leur défaut, à celle des consuls. Par acte du 12 avril 1663, la famille Mourins-d'Arfeuille avait fait une fondation de messes pour tous les lundis dans l'église de Beaumont, et tous les jeudis au château d'Arfeuille.

Enfin, le 7 juin 1668, par acte reçu Dessales, notaire, messire Charles-François Mourins-d'Arfeuille avait aussi fondé une messe à la chapelle de Sainte-Catherine, pour la mémoire de Catherine d'Arfeuille sa sœur.

Plus tard, les prêtres communalistes de Beaumont bâtirent, avec les débris de l'antique château de la Tour, l'église de Notre-Dame-du-Chastel. La date de son achèvement (1553) est écrite au sommet de sa voûte hardie, qui fait l'admiration de tous les voyageurs ; mais longtemps auparavant cette construction était autorisée. Le

14 juillet 1478, « Pierre de Bourbon, comte de
» Clermont et de la Marche, considérant que ses
» prédécesseurs avaient fait des fondations en
» l'église de Beaumont, hors la ville de Felle-
» tin, que les manants, habitants et autres pas-
» sant par icelle ville n'allaient pas visiter ladite
» église, Pierre de Bourbon autorisa donc les
» communalistes à bâtir une chapelle dedans
» Felletin, au lieu qu'ils verraient être convena-
» ble. » Plus de soixante ans s'écoulèrent avant
que cette chapelle fût terminée. Elle est aujour-
d'hui une annexe du Moustier, en vertu d'un dé-
cret de 1804.

Dans l'ancienne paroisse de Beaumont, il existait encore : 1° l'Hôtel-Dieu ou aumônerie, ou hôpital, fondé par Jehan Jagnot, le 25 juin 1397 [1], avec une vicairie perpétuelle sous le vocable de saint Alexis, autrefois de saint Michel.

L'évêque y nommait en 1476, et les consuls désignèrent l'aumônier depuis 1567 jusqu'à la révolution de 1789. Aujourd'hui c'est l'hospice de la ville de Felletin. Il a été doté par les habitants, et ne reçoit aucuns secours du gouver-

---

[1]. Terrier de la communauté de Beaumont, reçu par Gambelou, le 3 mai 1631, et Cartulaires de l'abbaye des Ternes.

nement. La direction en a été confiée aux Sœurs de Saint-Roch ;

2° La chapelle dite l'Hôpital-Bleu, sous l'invocation de l'Assomption de la Sainte Vierge. Les pénitents bleus s'y établirent en 1635. Cette chapelle existe en partie, mais la confrérie s'est dissoute ;

3° Une chapelle dite Crouzelas ou Croix-du-Château, sous l'invocation de sainte Croix. Cette chapelle fut démolie, en 1805, par l'adjudicataire des réparations du collége.

§ 4.

MONUMENTS ET ANTIQUITÉS.

S'il y a peu de monuments anciens à Felletin, ceux qui soutiennent l'antiquité gauloise et romaine de cette ville en attribuent la cause au terrible incendie qui dévora la ville en 1248 [1].

C'était la seconde fois que cette cité éprouvait

---

1. Après l'an mil deux cent XLVIII, fut brûlée la ville de Pheletin. (*Annales du Limousin*, par Jehan Delavaud. Manuscrit du xvie siècle.)

les cruels ravages du feu ; mais rien ne décourageait le patriotisme de ses habitants, surtout le zèle de plusieurs nobles familles, dont les bienfaits ne firent jamais défaut.

Ainsi on voit, en 1454, Jean Mourins, prieur du Moustier, descendant de la famille d'Arfeuille, faire élever le beau clocher qui domine l'église, et qui avait été classé parmi les monuments historiques de France [1]. Cette construction est constatée par une transaction reçue Me Jehan Béchon, notaire public et juré, le 11 septembre 1454.

Le clocher et le portail septentrional du transept sont d'architecture ogivale flamboyante. C'est à ce monument que se rapportent les beaux souvenirs du passé. Placé au centre de la ville par une main bienfaisante, comme le lien d'amitié qui devait unir les habitants et graver profondément dans le cœur de tous l'amour du pays, il fut, aux époques orageuses, le point de ralliement des citoyens généreux qui se réunissaient au son de la grosse cloche [2]. Aujourd'hui encore, après

---

1. On ignore la cause et l'époque de son déclassement.

2. On lit dans les actes de l'état civil de Felletin : « Le 22 » juin 1623, sous le quinzième roi de France, Louis-le-Juste, » treizième du nom, fut bénite la grande cloche de l'église

avoir subi les intempéries de plus de quatre siècles, il fait l'admiration des étrangers.

On doit aussi citer la *lanterne des morts* ou *fanal funéraire* du cimetière de Beaumont. Diverses opinions s'élèvent au sujet de la date de sa construction : les uns prétendent qu'elle remonte avant l'ère chrétienne, et c'est la tradition la plus populaire. Les autres, au contraire, n'y voient qu'un simple monument que nos ancêtres auraient élevé en l'honneur des morts. Faute de documents plus précis, il faut laisser l'avenir juge de cette question.

Comme on l'a déjà dit, Felletin était une ville fortifiée : on y retrouve encore la trace des anciens fossés. Deux tours crénelées attestent son ancienneté. Les derniers vestiges d'une porte de ville, flanquée de deux tours dites *de l'Horloge*, ont disparu. Récemment encore, on a démoli la dernière porte fortifiée. C'est là que se trouvait la statue de Notre-Dame-de-la-Porte, la madone de la cité. On la vénère encore sous ce nom, au centre de la ville, maison de M. Bayard, phar-

---

» paroissiale de Felletin, qui, primitivement, avait été fondue
» l'an de Notre-Seigneur Jésus-Christ, 1200. Elle pesait soi-
» xante-quatorze quintaux soixante-six livres ; poids auquel fu-
» rent ajoutés dix quintaux dix-sept livres, outre et pardessus
» son poids de métal, qui y furent jetés dans la fournaise par
» les principaux habitants. — En 1793, on ne trouva personne
» à Felletin pour descendre et détruire cette cloche. La Con-
» vention fut obligée d'envoyer un commissaire spécial, qui
» eut l'index tranché en la brisant. »

macien, à l'endroit où existait l'une des tours de cette porte de ville.

Il existe dans la banlieue, sur le sommet de la montagne de Beaumont, des blocs énormes de pierres, placés sur d'autres pierres dressées, qui composent une grotte. Une tradition fort ancienne désigne ce lieu sous le nom de *Cabane-de-César*. M. Lepelletier de Saint-Fargeau, président à mortier au parlement de Paris, exilé à Felletin en 1780, y fit faire des réparations. Si ce n'est pas un monument romain, c'est au moins un dolmen druidique, qui prouverait l'antiquité gauloise de la ville de Felletin.

En voici la description, d'après le savant Beaumesnil :

« Il existait à Felletin un édifice curieux qui
» aurait mérité d'être conservé, et dont M. Mio-
» mandre, créateur d'une manufacture de papier,
» établie en 1808, dans cette ville, a donné la
» description. Cet édifice, dont on avait fait une
» caserne pour des prisonniers autrichiens, a été
» d'abord incendié ; depuis, il a été démoli de
» fond en comble ; il ne reste plus que la trace
» de son emplacement. Il avait servi longtemps
» d'église paroissiale à la ville (dite de Beau-
» mont) ; il n'était ni de forme ni d'architecture
» gothique. La tradition du pays veut que ce soit

» un temple bâti avant l'introduction du chris-
» tianisme dans les Gaules, et consacré à la
» déesse locale de Vénus, qui y était adorée sous
» le surnom de Félix ou Félis, comme principe
» de la fécondation universelle. C'était un bâti-
» ment à doubles nefs égales, séparé par des
» piliers très massifs, qui supportaient la voûte
» et la partageaient ; il s'élevait sur une hauteur
» où existe aujourd'hui le faubourg de Felletin,
» et, par conséquent, il était assez éloigné de la
» ville, et peu à portée des habitants. Son clo-
» cher n'était point sur l'église, mais à côté, ce
» qui semblerait prouver qu'il n'avait été adapté
» à l'édifice qu'après sa consécration au culte
» catholique. Les piliers qui soutenaient la voûte
» étaient des espèces de colonnes, mais sans
» proportions qui les rattachassent à aucun
» ordre. En avant de la porte, se trouvait une
» tourelle qui paraissait avoir servi de fanal. »
(*Historique monum. de l'anc. prov. du Limousin*,
par A. Tripon.)

CHAPITRE II.

NOTICE HISTORIQUE SUR LE COLLÉGE DE FELLETIN.

§ 1.

ORIGINE ET FONDATION DU COLLÉGE.

I. — Première période, depuis le XIII⁰ siècle jusqu'en 1690.

L'importance de la ville de Felletin doit faire admettre qu'un collége y était établi dans les temps les plus reculés. L'acte le plus ancien qui en démontre l'existence est le testament de Jean Mourins, seigneur d'Arfeuille, reçu par Mathieu Durand, tabellion, le 10 mars 1291, contenant legs d'une rente au collége de Felletin [1]. Un ta-

---

1. La branche aînée des comtes d'Arfeuille possède encore le château et la terre d'Arfeuille, située dans la commune de

bleau des syndics qui géraient les revenus de ce collège remonte à l'année 1424, et se continue jusqu'en 1589. Ces syndics étaient choisis parmi les consuls de la ville. Les noms, pendant cette première période connue de cent soixante-cinq ans, sont ceux de Pierre Chouvel, Jacques de Nehou, Léonard Parathon, Jean Durand, Antoine Béchon, Jacques Tixier, Léonard Durand, Pierre Barjon, Jacques Feydeau, Léonard Hélias, François Durand.

Toutes les rentes et redevances étaient mentionnées sur une feuille de papier, signée par les notaires Soully, Enloy et Durand; mais, comme ce papier se déchirait, les consuls, par délibération du 15 août 1447, firent transcrire les actes sur parchemin, par Jean Béchon, notaire de la chancellerie.

Ce collège existait donc au XIIIe siècle ; mais on n'est pas bien fixé sur le lieu où se tenaient les classes. Il est probable que c'était dans la maison actuellement occupée par M. le capitaine Chassagne, qui conserve les traces d'une très

---

Felletin. Deux prêtres de cette famille ont été revêtus de la pourpre romaine, l'un, Guillaume d'Arfeuille, élu cardinal en 1350 et 1367 ; l'autre, Faydit d'Arfeuille, nommé cardinal en 1383.

ancienne habitation, jouie primitivement par des religieux.

La fondation définitive de ce collége remonte au XVIe siècle.

Voici le texte de l'acte de donation reçu par Me Diverneresse, notaire, le 15 février 1589 :

Personnélement établi vénerable personne François Durand, prêtre de la communauté du Moustier, pays de la Haute-Marche, diocèse de Limoges, demeurant en la ville de Felletin, le quel de son bon gré et volonté, pour effectuer le désir qu'il dit avoir de longtemps eu, a dit que la jeunesse de cette ville de Felletin et autres lieux circonvoisins fut instituée en bonnes lettres, et en considération de ce qu'il n'a aucuns hoirs très proches, que ayant depuis été promu aux saints ordres de prêtrise, lui auraient conquêté quelques meubles, et pour autres bonnes et légitimes considérations icelui Durand a *fondé* en cette ville de Felletin *un collége,* au quel y aura *trois régents jésuites,* ou à défaut d'eux, autres personnes capables de la religion catholique, romaine et apostolique, pour enseigner la jeunesse en grammaire, réthorique et autres bonnes lettres, pour l'entretenement du quel collége et régents, et pour acheter les maisons qu'il conviendra à cette fin, selon qu'il est advisé pour le plus expédient, par ledit Durand ou par honorable homme François Durand, bourgeois de Felletin, son cousin, ou par les héritiers dudit messire François Durand, par forme d'invitation a donné et donne dès à présent par forme de donation entre vifs, pure et simple et irrévocable, en la meilleure forme que donation peut et doit valoir, savoir : est la somme de *six cent soixante-six écus deux tiers*, et icelle prendre sur un chacun ses biens présens et à venir ; à ce présent et acceptant ledit François Durand, son cousin, avec le notaire soussigné, pour tout le corps des habitans de ladite ville, et a dès à présent baillé et délivré réellement et de fait, pour l'effet que dessus, et mis en main dudit François Durand, sondit cousin, les obligations qui s'en suivent, etc.

Et, au cas que ledit collége ne soit achevé de doter par les autres habitants de Felletin ou autres dans dix ans prochains, ledit fondateur en pourra disposer à choses pies, à son plaisir et volonté. Veut et entend que ledit argent soit employé de suite à l'entretenement de deux régents, qui commenceront le jour et fête de saint Michel prochain venant ; et aussi a donné, pour l'entretenement dudit collége, le patronage de la vicairie de Saint-Legier en l'église du Moustier. Veut et entend que les redevables d'icelle en fassent et passent titre de reconnaissance aux régents du collége.

A la charge de dire et faire dire par les régents, tous les lundis, à sept heures du matin, à l'autel de la chapelle de Saint-Legier, une messe à basse voix, *pro mortuis*, où les écoliers seront tenus d'assister, et, à la fin de ladite messe, un *De Profundis* sur les tombes des Durand, en ladite chapelle.

Ce prêtre vénérable trouva des imitateurs parmi ses concitoyens.

Le 1ᵉʳ mai de la même année, la dame du Maslaurent donna 300 fr.; Jean Mirebeau, 300 fr. (Actes reçus Giraudon et Jourdain, notaires, les 1ᵉʳ mai 1589 et 18 avril 1592.)

Le 22 avril 1597, Antoine Deneoux et Jacques

Sallon concédèrent au collége le patronage de la vicairie de Saint-Martial de Beaumont.

Par contrat reçu Chiron, notaire, le 15 juin 1598, Pierre Moustier, Annet Durand et Blaize Hélias, consuls de la ville, achetèrent de Jacques Robert, seigneur de Laubard, une maison appelée de Chez-Robert, jardins et dépendances, *pour y exercer le collége de Felletin*, y loger le principal, les régents, les pensionnaires et écoliers qui y viendraient pour être instruits en bonnes lettres, conformément aux prescriptions de l'acte de donation de François Durand.

A la suite de l'expédition se trouve une quittance des lots et ventes par les fermiers du seigneur, qui font remise du tiers, en ce que leurs enfants seront reçus et instruits audit collége, aux mêmes conditions et priviléges des enfants de la ville.

Des réparations furent faites pour approprier cette maison aux besoins de l'établissement. On construisit une chapelle dans l'une des salles du rez-de-chaussée, et un clocher au-dessus de la tour du Grand-Escalier. Les traces en subsistent encore ; il est facile de les reconnaître dans la maison du sieur Rougat-Limoges, qui est celle provenant des Robert. Les jardins à l'est ont servi d'emplacement à de nouvelles habitations.

Le 9 janvier 1603, la ville donna au collége les revenus des poids et mesures.

Depuis un temps immémorial, les consuls distribuaient en aumônes des rentes et redevances provenant des libéralités des familles d'Arfeuille et de Brachet, ou qui avaient pour cause l'abandon, à titre d'emphytéose, de plusieurs portions de terrains communaux. Ces redevances étaient inscrites dans un terrier de 1449, qui relatait une autre reconnaissance du siècle précédent.

La ville décida qu'il serait plus utile d'employer ces secours à prévenir la misère par l'instruction, qu'à la soulager par des aumônes qui étaient répandues publiquement à la porte des consuls : elle donna donc au collége ces rentes et redevances.

Les régents étaient alors de l'ordre de Saint-Dominique : on ignore pourquoi et à quelle époque les dominicains avaient remplacé les jésuites désignés par le fondateur François Durand[1]. On appelait l'établissement *collége-petit séminaire* de Felletin. Il était soumis, comme

---

1. Probablement les jésuites, qui avaient déjà vingt colléges en France et deux cent cinquante ailleurs, ne purent venir à Felletin, où ils furent remplacés par les dominicains.

aujourd'hui, à la juridiction de l'évêque diocésain.

Le 14 octobre 1621, tous les habitants de la ville de Felletin et des châteaux circonvoisins furent réunis dans l'église du Moustier, au son de la grosse cloche : voici le résumé de l'allocution que Jacques Tixier jeune, syndic, prononça devant cette nombreuse assemblée :

« Il y a entour quinze ans, qu'il fut créé syn-
» dic du collége, conjointement avec défunt
» M⁰ Jacques Durand, qu'ils ont géré ensemble,
» mais que les revenus étant insuffisants, il au-
» rait plu aux habitants d'y annexer les cens,
» rentes et autres devoirs qui étaient dus aux
» charités de la ville en vertu d'un terrier de
» 1447; que ces rentes n'avaient point été exac-
» tement payées par la négligence des consuls,
» et qu'il était urgent de faire un nouveau
» terrier. »

Il ajoutait « que le collége était grandement
» nécessaire, puisqu'il n'y en avait point d'au-
» tres moins éloignés de quinze à seize lieues,
» où on ne pourrait envoyer les enfants qu'avec
» grands frais et dépenses que plusieurs habi-
» tants ne pourraient supporter ; et que, d'ail-
» leurs, il fallait que la jeunesse de cette ville et
» même du pays *fût instruite aux lettres et à la*

» *vertu, et exercée aux œuvres de la foy catho-*
» *lique, apostolique et romaine, attendu qu'en la*
» *ville d'Aubusson, proche de cette ville d'une*
» *lieue seulement, il y a exercice de la religion*
» *prétendue réformée.* »

Tous furent d'avis, pour maintenir le collége, de renouveler le terrier.

Ce terrier, commencé le 18 décembre 1621, fut terminé le 20 mars suivant; la grosse sur parchemin, signée par Dumonteil, successeur de François Tixier, notaire délégué, contient toutes les reconnaissances des habitants et tenanciers, formant une rente et redevance annuelle de *123 septiers, 7 boisseaux, une coupe de blé seigle* (mesure de Felletin), du poids de 100 kilogrammes le septier; *un septier de froment; deux septiers d'avoine; argent, 304 francs 2 sols 6 deniers.*

Dans la même année et par acte du 20 juin 1622, Claude Durand, docteur en Sorbonne, chanoine et grand-pénitencier de Saint-Malo, donna au collége des maisons et terrains situés près de la chapelle du château, pour y construire les édifices convenables, et la somme de 150 fr. Le seigneur abandonna aussi les anciens fossés de la ville dans toute l'étendue du nouvel emplacement. Il restait à entreprendre la construction de l'édifice, et, pour arriver à ce but, les habitants furent encore appelés dans l'église du Moustier, où Jacques Tixier [1], syndic, fit connaître les projets de construction nécessités par la mauvaise position de l'ancien collége, situé près le marché, et très incommode pour faire les classes; il fut reconnu par l'assemblée que l'établissement serait plus convenablement placé sur les terrains donnés par Claude Durand et le vicomte d'Aubusson. La vente de la maison des Robert fut résolue et se réalisa le 29 avril 1623, au profit de Jean Barjon, moyennant 3,700 fr., dont partie fut employée aux nouvelles constructions, et le surplus placé en rentes constituées pour augmenter les revenus.

Quelque temps après, le 22 décembre 1625, la ville fit abandon au collége de ses bois, situés dans la commune de Poussanges, et qu'on désigne encore sous le nom de *bois du Collége*.

En 1639, on cite trois chartreux nés à Felletin et élevés au collége; ce sont les frères Tixier, de la famille de Jacques, religieux très remarquables. L'un, d'abord prieur de Lyon, fut élu prieur de

---

1. Le savant premier président de la Cour impériale de Limoges, M. Tixier-Lachassagne, descend de cette famille, et la ville de Felletin s'en glorifie.

la Grande-Chartreuse et général ; le second, prieur de Toulouse, et le troisième de Cahors.

Ce collége, qui fut ensuite transféré dans le local donné par Claude Durand, où il se trouve encore aujourd'hui, subit différentes espèces de régimes. Il fut successivement administré par les échevins et consuls, par des régents de la communauté de Beaumont et du prieuré du Moustier.

La première période dura pendant plus de deux siècles : des syndics étaient nommés par la ville, à la pluralité des voix ; ordinairement, ils mettaient en bail les revenus et choisissaient les régents, dont ils fixaient les honoraires. Chaque syndic rendait ses comptes à celui qui le remplaçait, puis les échevins et les consuls approuvaient ou contestaient.

L'organisation de ce collége était à peine ébauchée, que déjà il était en plein exercice, tant il était nécessaire. On y comptait un grand nombre d'écoliers. Après et avant 1588, François Durand, qui avait fondé cet établissement, y fut l'un des plus zélés professeurs, et l'on cite de lui plusieurs traits de générosité qui sont en partie constatés dans son testament du 21 avril 1599, qui contient 1° remise de ses honoraires comme régent ; 2° d'une somme de 1,366 fr. qu'il avait avancée. Il subrogea aussi le collége au bénéfice des condamnations prononcées à son profit contre les habitants du Leyrit, paroisse de Royères, à l'occasion de la vicairie de Saint-Martial-de-Beaumont, dont il était titulaire.

En 1629, on y avait établi un principal, deux prêtres régents et un écrivain grammairien. Les honoraires annuels du principal étaient fixés à 168 fr., et chacun des régents recevait 100 fr., ainsi que l'écrivain.

II. — **Deuxième période, depuis 1690 jusqu'en 1721.**

En 1690, la direction passa entièrement aux professeurs. Sous le syndicat de François Durand, et par délibération du 19 juin, la ville abandonna tous les revenus du collége aux prêtres de la communauté de Beaumont, à la charge d'y tenir trois régents et un grammairien *maître écrivain ;* lesquels devaient professer toutes les classes, depuis la sixième jusqu'à la rhétorique inclusivement. On leur imposait aussi la charge de bâtir une maison pour se loger avec les prêtres qui voudraient y demeurer avec eux en suivant leur règle, et, avant tout, de fermer la cour, sans pouvoir *prétendre à aucun droit sur la pro-*

priété et les constructions, ni à aucune indemnité pour les réparations des classes. Seulement ils pouvaient conserver pendant leur vie la jouissance d'une chambre dans la maison neuve.

Les prêtres communalistes de Beaumont s'engagèrent à faire les poursuites nécessaires pour assurer le recouvrement des rentes du collége, et, en cas d'accroissement des revenus, à fournir un plus grand nombre de professeurs. Ils devaient instruire la jeunesse de la ville et du dehors, faire le service des vicairies, satisfaire aux fondations, et, en cas de maladie de l'un d'eux, se faire remplacer par d'autres régents. Ils se soumettaient à la visite des officiers et consuls.

La délibération qui avait autorisé cette transmission fut prise pardevant M. Coudert, juge commis [1], en présence des consuls et du procureur du roi.

Il avait été exposé que, depuis près d'un

---

[1]. Le dernier rejeton de cette honorable famille, François Coudert, prêtre très distingué, a donné toute sa fortune et ses propriétés pour établir une école des frères de la doctrine chrétienne. Les bons frères sont installés dans sa maison qui a été reconstruite. Par une juste reconnaissance, en 1849, le conseil municipal a décidé que la rue qui longe l'établissement s'appellerait rue Coudert.

siècle, les classes étaient faites par *des régents fortuitement trouvés, mercenaires et à gages;* que les élèves étaient *mal instruits et le patrimoine du collége mal administré.* Il fut donc arrêté 1° que MM. Besse, Choupineau et Bombrut, prêtres de la communauté de Beaumont, et leurs successeurs vivant en communauté, seraient installés dans les bâtiments, et auraient l'administration des biens et revenus ; 2° que les papiers et archives seraient placés dans un coffre fermant à trois clefs, où l'on pourrait faire toutes les recherches pour les poursuites à diriger, s'il y avait lieu ; 3° et enfin que, en cas de rachat des rentes ou de payement des obligations, un nouvel emploi serait fait en faveur du collége.

François Durand, dernier syndic, rendit ses comptes, qui furent apurés par sentence arbitrale du 22 mars 1692. Depuis, les poursuites et recouvrements eurent lieu au nom des nouveaux titulaires.

Pendant tout le temps que la direction fut confiée aux trois prêtres Besse, Choupineau et Bombrut, le collége devint très prospère et acquit une grande célébrité dans toute la province. Les professeurs y vivaient en communauté ; on y enseignait *les humanités et la philosophie.* Il y avait de cent cinquante à cent soixante élèves. Jean

Choupineau, l'un des régents, composa une nouvelle méthode pour apprendre en peu de temps la langue latine : elle fut imprimée à Lyon, en 1701, et fut suivie dans plusieurs colléges du royaume.

Plus tard, de regrettables imprudences mirent cet utile établissement à deux doigts de sa perte, et compromirent les administrateurs auxquels il avait été confié.

Du côté de l'administration temporelle, les précautions exigées par la concession de 1690 n'avaient point été prises : M. Granchier de Chissac fit bien rendre les comptes de François Durand son prédécesseur ; mais le dépôt des archives fut négligé ; il se contentait de remettre aux régents une partie des titres, à mesure qu'ils en avaient besoin ; aussi prétend-on qu'après sa mort il fallut retirer les autres titres à prix d'argent des mains d'une personne qui les avait soustraits.

Après la mort de l'abbé Joseph Besse, les deux survivants s'adjoignirent, en 1705 et 1706, les sieurs Meunier de Laubard et Claude Sallandrouze ; mais, en 1718, vint à succomber l'abbé Jean Choupineau, homme du plus grand mérite, dont la piété égalait les beaux talents. Il emporta dans la tombe les regrets bien légitimes des élè ves et de tous ses concitoyens. Alors il ne resta pour régir le collége que MM. Bombrut et Sallandrouze.

Quelque temps après ce décès, Claude Sallandrouze fut nommé curé de Vallières, où il attira son collègue Bombrut. Par suite de cette malencontreuse translation, l'administration du collége fut négligée, et les valeurs et les titres furent détournés. Ici se termine, sous de fâcheux auspices, la deuxième période.

III. — Troisième période, depuis 1721 jusqu'en 1804.

Les prêtres communalistes de Beaumont se retirèrent, et, par délibération du 29 novembre 1721, la ville fut encore obligée de confier l'administration du collége à des syndics qui devaient être réélus tous les trois ans. Ils choisissaient les régents et affermaient les revenus. Le 10 mars 1738, M. Bandy de La Brousse fut nommé syndic pour cinq ans, à la charge de rendre ses comptes chaque année et d'obtenir de ses prédécesseurs qu'ils les rendissent aussi ; vu les difficultés, on lui accorda l'exemption du logement des gens de guerre, une gratification annuelle de 100 fr., et d'autres priviléges qui ne furent jamais mieux mérités. Ce syndic zélé parvint à obtenir la reddition des comptes des anciens administrateurs ; il termina tous les procès, fit dresser un inventaire des titres et papiers qu'il était parvenu à se procurer, et il se conduisit avec un si grand dévoûment, qu'il reconstitua pour ainsi dire le collége.

En 1748 et 1754, MM. Joseph de Salle, Tixier, Duboueix et Léonard Bandy des Granges lui succédèrent.

Il était d'usage qu'en nommant les syndics on leur imposât l'obligation de consulter les administrateurs dans toutes les affaires importantes, et principalemnt sur les comptes-rendus. Les officiers de justice, le prieur du Moustier, le curé de la paroisse de Beaumont et les officiers municipaux composaient de droit ce conseil d'administration si la ville n'avait pas désigné d'autres personnes.

Tel était l'état des choses lorsque l'assemblée administrative du collége, réunie le 30 avril 1763, eut connaissance de l'édit du mois de février précédent, qui exigeait la formation d'un bureau. Il fallut donc se conformer aux prescriptions de cet édit, et se pourvoir au parlement de Paris pour faire maintenir l'établissement. La ville dut veiller à la conservation de ses droits.

Le collège avait été fermé de 1754 à 1758 par la faute des régents et des administrateurs ; on avait attaqué la nomination faite le 3 novembre 1754 ; M. l'intendant de Bernage avait annulé la délibération et prescrit une nouvelle assemblée devant M. de Châteaufavier, subdélégué d'Aubusson ; ce ne fut que le 17 juillet 1758 que la nomination des syndics eut lieu. Deux syndics avaient refusé de rendre leurs comptes et de restituer les titres et revenus ; mais il y avait alors à Felletin un homme de bien dévoué à son pays, M. le président Ruyneau de Saint-Georges, qui mit fin à toutes les tergiversations. Le 9 juillet 1764, il fit rendre à la cour du parlement de Paris, devant les chambres assemblées et sur la réquisition du procureur général, un arrêt qui condamnait les deux syndics à payer chacun la somme de 6,000 fr. de dommages-intérêts, s'ils n'avaient pas rendu leurs comptes dans le délai de trois mois.

Tout fut terminé par cette décision suprême ; il ne s'agissait plus que de remettre le collège en plein exercice ; il était surtout indispensable d'obtenir l'autorisation du parlement. C'est encore le président Ruyneau de Saint-Georges qui fit les démarches nécessaires, et, par arrêt du 15 janvier 1765, le collège de Felletin fut maintenu.

Deux prêtres communalistes de Beaumont, MM. Besse et Roy-Pierrefitte, de concert avec M. Jacques Tixier, se chargèrent de l'ouverture des classes et de l'organisation d'un pensionnat; ils consentirent même à faire remise de leurs honoraires pour en employer le montant à l'achat d'objets mobiliers indispensables. La ville leur confia la direction du collége sous la surveillance du bureau.

Ce régime se continua jusqu'en 1782 avec l'aide de plusieurs ecclésiastiques du pays.

La plupart des jeunes gens élevés au collége de Felletin étaient destinés au sacerdoce ou à l'état religieux ; aussi on comptait, à cette époque, soixante-huit prêtres ou religieux nés à Felletin. On se persuada que des vocations si multipliées n'étaient peut-être pas assez libres, et l'on résolut de parer à un inconvénient que l'on prétendait être fort nuisible à la prospérité de la ville, sous prétexte qu'il absorbait l'élite de la jeunesse, qui négligeait les autres carrières. M. le président de Saint-Georges fut donc chargé, par l'administration municipale, de s'entendre avec Monseigneur l'évêque de Limoges, pour donner aux études humanitaires du collége une extension plus large, qui pût favoriser l'entrée des élèves dans toutes les administrations de la France. Un traité fut signé à Limoges, le 26 septembre de la même année. La chaire de philosophie fut établie : on choisit des professeurs distingués, et l'instruction donnée aux nombreux élèves procura à la province de la Marche d'illustres guerriers et des avocats et magistrats renommés. Tous les hommes remarquables qu'on y connaissait alors, et dont on se souvient, avaient fait leurs études et leur brillante éducation au collège de Felletin '.

L'édit du 2 décembre 1786 ordonnait la sup-

---

1. Il serait trop long de nommer les hommes éminents qui sont nés à Felletin ou qui ont fait leurs études au collége. Toutefois, on peut citer plusieurs de ceux qui sont morts depuis le commencement du siècle : Goubert, député à l'Assemblé constituante, prévôt d'Aubusson ; de Chierfranc, archiprêtre ; Grellet de Beauregard, député à l'Assemblée constituante, président de chambre à la Cour royale de Limoges ; Segrette de La Ribière, président du trib. civil d'Aubusson ; Dartiges, procureur du roi ; Tibord-Duchalard, député, l'un des deux cent vingt et un ; Gilbert Bandy de Nalèches, général de brigade ; le général Mathivet ; le marquis de Sarrazin, colonel des dragons de la reine ; le colonel Plazanet ; les lieutenants-colonels d'état-major Ruyneau de Saint-Georges, Decourtilhe de Saint-Avit, chevaliers de Saint-Louis ; les commandants Plafait, Lenoble, Dupeyroux, capitaine de frégate ; le comte Mourins-d'Arfeuille, chevalier de Saint-Louis ; les capitaines Dartiges, Chassaigne, Malpeyre, Rouzet, Durand, Alexandre de Laporte de La Morie, Moncourier, Besse, de Brachet, marquis du Maslaurent, dernier lieutenant-général de la province de la Marche ; Dumas de La Cour, Pradeaux, Coutisson-Dumas, cité honorablement dans les *Fastes de la Gloire* ; Montely, sous-officier de l'armée d'Égypte, sabre d'honneur ; Joseph Cornudet, sénateur, pair de France ; François Vergne, fabricant ; François Durand, avocat et juge ; Sallandrouze de La Mornaix père, créé baron de l'empire

pression ou l'union des divers bénéfices ; M. de Saint-Georges, désirant augmenter les revenus du collége, réclama l'annexion de ces bénéfices. En 1791, au moment où l'Assemblée nationale s'occupait de l'instruction publique et préparait la nouvelle organisation, c'est encore M. de Saint-Georges qui rédigea une adresse au nom du conseil général de la commune, la fit parvenir à l'assemblée, et, après de grandes difficultés, obtint la conservation du collége de Felletin ; mais il ne devait pas jouir longtemps de ce nouveau succès, car les tempêtes révolutionnaires survinrent ; tout devait être renversé dans ce cataclysme destructeur !

L'antique collége de Felletin fut fermé et occupé par la gendarmerie et la garnison ; les salles des classes servirent d'écuries aux chevaux. M. de Saint-Georges, obligé de se cacher dans des mai-

---

en raison des services rendus aux fabriques de tapisseries de Felletin et d'Aubusson ; Jean-Jacques Sallandrouze, qui avait obtenu le prix d'honneur au concours général des lycées de Paris, devenu procureur du roi, puis fabricant; Joseph Conçaix, membre du conseil municipal et fabricien; Ducher, membre du conseil municipal, gendre et successeur de la famille Choupinaud, types de l'honneur du commerce ; Pierre Chanvert, avocat, qui obtint le premier prix de législation au concours de Paris, et fut couronné par le premier consul. Il ne faut pas oublier M. Coutisson-Dumas, député à la Convention, qui eut le courage de voter l'appel au peuple.

sons amies pour se soustraire aux dangers des dénonciateurs, ne put faire établir l'école centrale à Felletin.

Toutefois, trois dignes prêtres non assermentés, les deux frères Gipoulon et l'abbé de Laporte de La Morie, ouvrirent clandestinement des classes dans leur maison, où ils instruisaient les jeunes élèves de la ville que leurs parents ne pouvaient pas envoyer ailleurs.

IV. — Quatrième période, depuis 1804 jusqu'en 1823.

Après les orages de la Convention, survint un temps moins agité, et le collége espéra sortir des catacombes, encore vivant et glorieux. M. de Saint-Georges, noble victime de la révolution, reparut dans sa ville adoptive, et n'eut rien tant à cœur que de s'occuper des intérêts du collège.

Il fallait reconstituer cette œuvre importante, mais avoir en même temps assez de prudence pour ne pas exiger trop vite le payement des rentes et redevances non supprimées par les lois de 1790 et 1791. Pour faire face aux besoins pressants, il eut donc l'heureuse idée d'ouvrir une souscription patriotique. La liste des souscripteurs est déposée à la mairie et conserve le nom de ces nouveaux bienfaiteurs.

Pour obtenir l'autorisation d'ouvrir le collége, il était nécessaire de construire de nouveaux bâtiments et de réparer l'ancien. Enfin, le 9 août 1805, on adjugea les travaux au prix de vingt mille francs, qui devaient être payés avec les souscriptions volontaires et le produit de la vente de biens communaux. L'ancien bâtiment fut réparé, et l'on rétablit les nouvelles salles d'étude et de classes près de l'église du château, où elles existent encore. C'est là que nous avons vu le collége universitaire qui fut dirigé par Messieurs Bandy, Pajon et Choupineau, prêtres, jusqu'en 1813, puis par MM. Navière-Laboissière et Gravellat, officiers d'université, jusqu'en 1823, époque où son existence fut encore sur le point d'être compromise.

§ 2.

ORGANISATION DÉFINITIVE DU COLLÈGE ACTUEL.

I. — Faits et traités.

Alors était maire de la ville de Felletin, M. de Laporte de La Morie, ancien procureur du roi, qui avait eu aussi beaucoup à souffrir des désastres révolutionnaires : cet homme de mérite et de dévoûment, qui était le gendre et l'élève du président de Saint-Georges, voyant avec la plus grande peine la décadence du collége, prit à tâche de le relever.

Dans le mois de juillet 1823, il proposa au conseil municipal de demander la protection de l'évêque de Limoges, et de s'entendre avec lui pour raviver ce beau fleuron de la ville. Dans ce but, plein pouvoir fut donné au maire et à MM. Tibord-Duchalard et Coudert, qui se rendirent au palais épiscopal et firent, avec Mgr de Pins, évêque, le traité dont la teneur suit :

ARTICLE 1er. — Monseigneur accepte la jouissance du collége de Felletin pour y établir un Petit Séminaire. Les bâtiments et dépendances lui seront remis en bon état, et il jouira pareillement de tout le mobilier qui s'y trouve, dont il sera fait inventaire et estimation pour en assurer la restitution et remise en cas d'abandon.

ART. 2. — Le conseil municipal délaisse également à Sa Grandeur la jouissance des bois du collége, ainsi que les revenus et redevances qui lui appartiennent, à l'effet de quoi remise sera faite sous inventaire de tous titres, ainsi que des actes de poursuites qui peuvent avoir été signifiés pour conserver les arrérages. Il s'oblige à concourir de tous ses moyens pour la mise en recouvrement desdites redevances.

ART. 3. — Monseigneur s'engage, *sous peine de nul-*

lité des présentes, à faire enseigner les premiers éléments de latinité jusqu'à la réthorique inclusivement. Il y joindra l'enseignement de l'arithmétique et de la géométrie élémentaire.

Art. 4. — Monseigneur promet également *de réduire à moitié, pour les élèves de la ville de Felletin,* la rétribution annuelle qui sera exigée pour l'enseignement.

Art. 5. — En cas de constructions nouvelles nécessaires pour la prospérité de l'établissement, Monseigneur s'entendra avec le conseil municipal sur les moyens de les réaliser.

Art. 6. — Les présentes ne seront obligatoires qu'après la ratification du conseil municipal et l'approbation des autorités supérieures.

Fait double à Limoges, le 19 juillet 1823.

Signé : de Pins, évêque de Limoges; de Laporte de La Morie, Tibord-Duchalard et Coudert.

Le maire avait préalablement obtenu et approuvé les comptes des régisseurs du collége. Il avait aussi fait rembourser par la caisse municipale les sommes restées dues aux actionnaires de 1805.

Ce traité fut approuvé par le conseil municipal et sanctionné par une ordonnance du roi, en date du 29 novembre 1823. Il s'agissait alors de renouveler entièrement le collége de Felletin, afin de le rendre à son ancienne splendeur. Comme les principales constructions, excepté le bâtiment dont l'entreprise avait été donnée en

1805, tombaient en ruine, il était indispensable d'ériger de nouveaux bâtiments dans de vastes proportions.

Il fallait, pour la régénération de cette œuvre grande et difficile, un directeur intelligent et dévoué; il fallait un homme de Dieu! Mgr de Pins, qu'on vénèrera toujours comme le restaurateur de l'instruction religieuse dans le diocèse de Limoges, eut le tact et le mérite de le trouver dans le choix qu'il fit de M. Pierre Florand.

II. — M. FLORAND et son œuvre.

M. Pierre FLORAND était né à St-Pardoux-d'Arnet, près Crocq, le 20 mars 1793, dans une famille honorable de pieux et riches cultivateurs; son âme chrétienne s'épanouit bien vite au souffle des sentiments religieux, et révéla dès lors des signes de vocation au sacerdoce. Envoyé au collège de Felletin pour y faire ses études, une application intelligente eut bientôt développé les facilités naturelles de cet esprit droit et sérieux, qui obtint, dans le cours de ses classes, de brillants succès. Modèle de piété, actif, ardent au travail, dévoué à tous, il fut admiré de ses maîtres et aimé de ses condisciples, pour qui il fut toujours un sujet d'édification. Sa science, sa vertu et toutes ses brillantes qualités grandirent de plus en plus au Grand Séminaire, et firent remarquer cette intelligence d'élite : il termina ses études en théologie au séminaire de St-Sulpice, à Paris, où il avait suivi régulièrement les cours supérieurs de la Sorbonne. Il devint membre de cette illustre et pieuse compagnie des prêtres de Saint-Sulpice, où son souvenir est toujours précieux.

Tel était M. Pierre Florand, lorsque Mgr de Pins le choisit pour restaurer le collége dont la ville de Felletin lui avait abandonné la jouissance. Il obéit à la voix de son supérieur et de son évêque, et accepta avec dévoûment cette mission difficile. Homme d'énergie et de caractère, plein de zèle, architecte improvisé, avec ce coup d'œil prompt et sûr qui révélait un rare talent d'administration, il eut bientôt mesuré les difficultés et compris les réformes nécessaires pour assurer l'avenir de son œuvre.

Dès le mois de juillet 1823, après la sortie des élèves de l'ancien collége, il fait jeter les fondements d'un immense édifice dont Mgr de Pins pose la première pierre, le 12 août 1824, devant un concours prodigieux de peuple. A la fin de cette dernière année, tout était achevé. Il ne faut pas croire que, pendant ce temps, le cours des classes eût été interrompu ; la rentrée avait eu lieu, comme à l'ordinaire, en novembre 1823, et le nombre des élèves avait doublé pendant ce premier exercice.

M. Florand, qui s'était adjoint de savants professeurs de son choix, avait su se multiplier lui-même ! Travail de constructions, travail de classes, exercices journaliers, tout marchait de pair ; ouvriers, élèves, professeurs, tous obéissaient à cette intelligente direction : il se trouvait partout, surveillait tout, fixant à chacun sa tâche, s'occupant des moindres détails et pourvoyant à tous les besoins.

On le voyait chaque jour, à heures fixes, venir visiter les ouvriers, les stimulant, leur parlant avec cette familiarité douce et simple qui n'abaisse pas, et sied toujours à l'homme bien né ; et le soir venu, quand il leur avait distribué le prix du travail de la journée, il les réunissait tous, disait à chacun un dernier mot aimable, puis l'on voyait le groupe s'acheminer vers l'église du château, où il récitait la prière à haute voix; fait touchant et bien rare, qui prouve sa foi profonde, et, en même temps, l'empire incroyable qu'il exerçait sur tous ceux qui l'entouraient, *Quod vidimus testamur*. Tous les habitants de

Felletin qui l'ont connu peuvent aussi l'attester : il faut de pareils hommes pour faire des choses grandes et durables!!

Sous cette impulsion pleine de vie, les professeurs rivalisaient de zèle ; l'éducation se donnait sérieuse, chrétienne et complète au collége de Felletin ; de toutes parts les élèves arrivaient! car on avait atteint ce but élevé qui présida à l'érection du collége pour en faire un rempart puissant contre la réforme : *instruction de la jeunesse, en bonnes lettres et dans les vrais principes de la religion catholique, apostolique et romaine.*

Tandis que l'œuvre grandissait au double point de vue moral et intellectuel, le directeur ne négligeait aucun des moyens qui devaient assurer son avenir temporel : un état général des rentes et redevances dues au collége fut dressé par l'avoué qui avait en son pouvoir tous les titres. M. Florand fit diriger des poursuites contre les principaux débiteurs ; mais on doit présumer que la prescription était déjà acquise ou que les hommes d'affaires furent négligents, puisque l'avoué suspendit les procédures, et qu'il n'a fait réintégrer les titres dans les archives que depuis trois ou quatre ans.

Cependant les lois de 1789, 1790 et 1792 n'avaient pas supprimé les rentes directes, foncières et non féodales : celles dues au collége étaient directes, non entachées de féodalité; elles subsistaient donc dans toute leur force, au moins en majeure partie. On doit croire que M. Florand eut de bonnes raisons pour en rester là, et qu'il espérait que la conscience des débiteurs les ramènerait à restitution [1].

Cette brillante période du collége fut pourtant encore semée de difficultés, et M. Pierre Florand eut de pénibles luttes à soutenir. L'ordonnance de 1827 n'admettait qu'un petit séminaire dans le diocèse, ce qui fit naître de graves embarras. Heureusement M. de Laporte de La Morie était encore maire de la ville de Felletin, et la grande majorité du conseil municipal partageait ses convictions. Le 6 juillet 1828, M. de La Morie, de concert avec M. Florand, qui en avait référé à Mgr de Tournefort, proposa et fit adopter qu'une institution ecclésiastique remplacerait le Petit Séminaire supprimé, aux clauses et conditions insérées dans le traité de 1823. On vit avec peine

---

[1]. On pourra voir à la mairie une liève modée des biensfonds, rentes, rentes et revenus du collége de Felletin, rédigée par l'infatigable président Ruyneau de Saint-Georges, laquelle contient les noms de tous les débiteurs, noms qu'il est inutile de rappeler ici.

deux protestations organisées par la malveillance, qui durent rester sans effet, car de nouvelles démarches du maire et du supérieur avaient obtenu la création d'une chaire de philosophie.

L'extension et la prospérité croissante de l'établissement firent bientôt reconnaître que les constructions faites étaient déjà insuffisantes ; qu'il fallait suivre le plan arrêté depuis longtemps. Mais les autorités de la ville avaient été changées, à la suite de la révolution de juillet 1830. Toutefois, l'élection ramena au conseil municipal plusieurs personnes dont le dévoûment n'avait point varié et qui tenaient à la conservation et à l'agrandissement du collége [1]. Plein de confiance, infatigable dans son zèle, M. Florand, mandataire de l'évêque, proposait de construire à ses frais la façade donnant sur la rue, et d'ajouter au principal corps de logis un nouveau bâtiment qui joindrait le portail de l'église du château. A cette fin, il fallait se conformer aux prescriptions de l'article 5 du traité de

---

[1]. Pour donner quelques gages aux idées dominantes de la révolution de juillet, il était bien intervenu le 2 décembre 1830, à la majorité seulement, une délibération du conseil municipal qui réclamait un collége; mais cette mesure eût été tellement impopulaire qu'il n'y fut pas donné suite.

1823. La séance du conseil municipal fut très orageuse ; de vives oppositions éclatèrent, et, après des débats irritants, la grande majorité autorisa, par arrêté du 21 mai 1835, Monseigneur l'évêque à faire démolir le reste des masures de l'ancien collége et à continuer la façade donnant sur la rue.

Aussitôt les travaux commencèrent, et, de la part de M. Florand, même activité, même dévoûment. En peu de temps furent élevés ce magnifique portique et ces élégantes constructions de granit couronnées par un gracieux belvédère, devant lesquels s'arrête le voyageur, et qui forment aujourd'hui le plus beau monument du département de la Creuse.

Enfin, par une fête solennelle, en présence de tous les habitants réunis, l'heureux supérieur dédia son collége à l'Immaculée Conception de la Sainte Vierge, dont la statue domine le fronton de l'édifice.

M. Florand désirant être utile à la ville de Felletin, et pour reconnaître le généreux concours de ses habitants, réduisit, en faveur de leurs enfants, la rétribution scolaire à 36 fr. Cette concession fut rédigée immédiatement ; mais, par un oubli involontaire, le registre courant n'en fait pas mention, ce qui n'empêcha pas qu'elle fut exécutée pendant longtemps, même après la mort de M. Florand.

Dans les dernières années de sa vie, le nombre des élèves dépassait le chiffre de deux cents ! Du consentement de l'évêque, il choisissait les professeurs parmi les élèves les plus distingués du Grand Séminaire de Limoges. Il désirait que leur piété, leur science et leurs talents fussent en rapport avec leur mission. C'est dans ce but qu'il avait envoyé suivre les cours de la Sorbonne M. Jean-Pierre Florand, prêtre, son neveu. Cet excellent jeune homme était professeur de seconde au collège de Felletin ; mais, malheureusement, il ne devait survivre que quelques mois à son oncle. Il mourut le 4 juin 1841.

Pour voir ses efforts couronnés de succès et parfaire une entreprise aussi vaste, aussi grandiose, M. Florand eut d'énormes dépenses à couvrir. Il y eut de généreux dévoûments dans plusieurs familles de Felletin ; et, si la délicatesse doit faire taire le nom des bienfaiteurs, on ne peut s'empêcher de signaler à la reconnaissance publique deux illustres évêques de Limoges : Mgr de Pins, plus tard archevêque d'Amasis et administrateur du diocèse de Lyon ; et Mgr de Tournefort.

Le zèle et la générosité de M. Florand ne firent

pas défaut; parfois, cependant, il eut ses heures de préoccupations et d'angoisses. Pouvait-il en être autrement? Mais son âme forte et confiante en Dieu ne savait pas désespérer! Un jour, entre autres, l'argent manquait, et le lendemain il fallait payer de nombreux ouvriers : le bon supérieur était inquiet. On comprit sa peine en le voyant triste et rêveur : *Allons*, dit-il simplement, *tout n'est pas perdu, je vais le dire au bon Dieu;* et il alla se mettre en adoration devant le Saint-Sacrement. Sa prière se prolongeait, lorsqu'on vint l'avertir qu'une personne l'attendait au parloir : il y trouva Mme la comtesse d'Arfeuille, née de Durat, pieuse et charitable femme, qui était venue le prier d'accepter la somme de 3,000 fr. [1].

Cependant sa mission devait être bientôt remplie; des travaux aussi multipliés avaient affaibli la santé de cet homme dont l'activité fut infatigable. Menacé d'une phthisie pulmonaire, on le vit, jusqu'au dernier moment, exact à remplir

---

1. Mme la baronne de Montfleuri, née Mourins-d'Arfeuille, n'a pas oublié Felletin, où elle est née. Son testament dispose d'une somme de 3,000 fr. en faveur du collége, et de 3,000 fr. en faveur de l'hospice. Ces deux sommes ont été remboursées cette année par le comte et le vicomte Mourins-d'Arfeuille, héritiers naturels de leur tante.

sa rude tâche. Vigilance active, haute direction morale et intellectuelle des classes, administration intelligente, régularisation des affaires temporelles de la maison, tel fut le but constant de tous ses efforts. Il est incontestable qu'il a laissé l'état des finances en bon état.

Lorsque ses forces furent brisées et qu'il sentit approcher sa fin, il voulut que son dernier acte fût un acte de dévoûment à l'œuvre à laquelle il avait consacré sa vie. Par testament notarié, il donna tous ses biens au collége.

Sur son lit de mort, il réunit une dernière fois ses collaborateurs et ses élèves, puis, entrevoyant déjà les clartés d'un monde meilleur, il leur adressa ces touchants adieux, ces pieuses et paternelles exhortations, qui vivent encore dans le cœur de tous les témoins de cette scène si pleine de regrets, si pleine d'enseignements! Il reçut avec foi et piété les derniers sacrements de l'Église, puis il rendit son âme à Dieu le 22 mars 1841, jour à jamais douloureux pour le collége, pour la ville de Felletin, pour ses amis!!!

M. Pierre Florand était de taille grande et bien proportionnée; il avait le teint brun, le front haut, des sourcils noirs parfaitement accentués, le regard profond et intelligent, le sourire plein de franchise. L'ensemble de ses traits respirait une gravité austère et sympathique tout à la fois ; loyal, généreux en actions bien plus qu'en paroles, d'une fidélité irréprochable envers ses amis, bienveillant pour tous, il était calme et sans passion, même quand il devait être sévère ; plein de dignité, mais simple et sans recherche des louanges et de l'éclat extérieur ; entièrement exempt de rancune, de caprices et des faiblesses qui sont indignes d'un cœur bien né.

Aimable et dévoué pour ses collaborateurs, dont il était l'ami et le père plutôt que le supérieur, il savait apprécier leur dévoûment en même temps que son exemple savait l'inspirer. Qu'on ajoute à ces qualités celles qui font le prêtre exemplaire : une piété éminente, une érudition profonde, un rare discernement, un zèle ardent, et l'on aura une idée de cet homme qui était né à la fois pour exercer une autorité sans égale, et pour inspirer à tous la confiance et l'affection.

Il n'est pas rare encore de rencontrer sur le chemin du cimetière de Beaumont, au jour des morts surtout, de pieux pèlerins qui vont s'agenouiller sur une modeste tombe de granit qui retrace un nom cher et respecté : c'est la tombe de M. Florand, supérieur. Ils y sont conduits moins par le désir de prier pour le repos de son âme que par le besoin d'implorer l'intercession *du saint,* comme ils l'appellent. Beaucoup partagent cette espérance.

Et les souvenirs populaires de Felletin rappellent assez fréquemment, dans les familles, quelques traits de la vie édifiante du *grand Pierre* [1].

Le terrain où reposent ces cendres vénérées a été concédé à perpétuité par le conseil municipal, qui déjà avait décidé que son nom serait gravé sur une fontaine construite dans le quartier du collége. Cette fontaine devait s'appeler : *fontaine de Pierre Florand, supérieur.* Le monument a été transféré sur une petite place du faubourg des Rivières. La ville ne saurait se contenter de ce déplacement, et il est probable que l'inscription sera gravée sur la pierre.

M. Jacques Desal, chanoine, fut choisi par Mgr de Tournefort pour succéder à Pierre Florand : il est encore le supérieur et directeur du collége. Les professeurs sont toujours désignés

---

1. Le 21 de ce mois de novembre, pour des motifs qu'on ne qualifie pas, on a ouvert et fouillé ce tombeau afin d'y déposer les cendres du jeune abbé Pierre-François Florand, mort en 1841. Le cercueil, les ossements, les habits et ornements de chanoine, le livre de prières, le christ et le chapelet étaient intacts, après plus de vingt ans de séjour dans la terre. Le peuple est arrivé en foule pour voir et vénérer ces reliques chéries d'un bienfaiteur.

parmi les prêtres les plus instruits du Grand Séminaire de Limoges.

Élevé au collége de Felletin, témoin de la régénération et de la prospérité de cet illustre établissement, j'ai cru pouvoir réclamer de mes lecteurs indulgents le droit de dire avec impartialité ce que j'ai vu et ce que j'ai traduit d'après les titres authentiques qui sont en ma possession et que je veux donner aux archives de la ville.

Comme moi, mes enfants ont reçu dans ce collége le bienfait de l'éducation. Ce récit abrégé est donc un devoir de justice et de reconnaissance ; de plus, c'est un pieux hommage rendu à la mémoire de ses principaux bienfaiteurs.

OBSERVATIONS.

Il est dit dans une délibération prise par le conseil municipal de Felletin, le 27 mai 1858, qui a été approuvée, « que de graves raisons auraient décidé Mgr Ber-
» nard Buissas, évêque de Limoges, à demander des
» modifications au traité de 1823. »

Alors, « prenant en considération les mauvaises an-
» nées écoulées, la fondation de diverses maisons d'ins-
» truction dans les environs de Felletin, les sacrifices
» considérables que le diocèse de Limoges a faits pour
» élever le collége de Felletin au degré de prospérité
» qu'il a obtenu, et *diverses autres raisons qu'il est inu-*
» *tile d'énumérer.* »

Le conseil municipal aurait obligé la ville à payer, chaque année, une allocation de 1,000 fr. pour aider à couvrir les dépenses ordinaires du collége. Il avait déjà, par une délibération du 4 juillet 1850, créé quatre prix d'honneur à décerner, au nom de la ville, aux meilleurs élèves de seconde, rhétorique, philosophie et hautes mathématiques.

Rien n'était plus juste et plus raisonnable ; mais le conseil municipal est allé plus loin : supprimant l'article 4 du traité du 19 juillet 1823, il a renoncé au droit concédé aux élèves externes de la ville d'être reçus au collége en ne payant que la moitié de la rétribution exigée des étrangers, et il aurait concédé au diocèse le pouvoir d'augmenter la pension annuelle.

Je ne veux pas critiquer une mesure pareille, toute dans l'intérêt de la maison ; mais je crois pouvoir observer qu'une allocation bien plus élevée, supportée par tous en proportion de leur fortune, aurait sauvegardé à la fois les intérêts du collége et le privilége des habitants de la ville de Felletin : l'administration diocésaine n'eût pas mieux demandé ! L'enfant intelligent de famille peu fortunée, de l'ouvrier, eût pu recevoir l'éducation à peu de frais. C'était le but sacré qu'avaient voulu atteindre les fondateurs et les bienfaiteurs du collége[1] ; puis l'impôt extraordinaire, en obligeant principalement les familles riches de la ville, eût été un lien de plus entre elles et le collége, et peut-être eussent-elles été moins tentées d'envoyer leurs enfants terminer leurs études ailleurs, ce qui est très regrettable, autant pour les enfants que pour les parents.

Il est beau de savoir se dévouer à une œuvre et de la soutenir autrement que par des demi-mesures. Ces timidités, ces réticences, qui veulent ménager tout le monde,

---

1. Les externes de la ville n'avaient toujours acquitté que la moitié de la rétribution exigée des étrangers : elle était fixée, en 1630, à 12 fr. ; en 1823, à 50 fr. ; et en 1835, à 36 fr. Aujourd'hui, elle dépasse 100 fr. et peut être portée plus haut.

déplaisent à tous, et n'ont que de médiocres résultats.

On assure que Mgr Fruchaud, évêque de Limoges, qui porte au collége de Felletin un vif et bienveillant intérêt, veut y établir deux chaires de hautes études, sciences et belles lettres. La ville conservera le souvenir de ce nouveau bienfait.

FIN.

TABLE DES MATIÈRES.

Préface .... Page   5

CHAPITRE Ier. — Notice historique sur Felletin.
   § 1. Coup d'œil général sur les premiers temps connus.   11
   § 2. Paroisse et prieuré du Moustier   17
   § 3. Ancienne église de Beaumont. Chapelle du château.   19
   § 4. Monuments, antiquités   22

CHAPITRE II. — Notice historique sur le collège de Felletin.
   § 1. Origine et fondation du collège
      I. Première période, depuis le XIIIe siècle jusq. 1690.   27
      II. Deuxième période, depuis 1690 jusqu'en 1721   37
      III. Troisième période, depuis 1721 jusqu'en 1804 ...   41
      IV. Quatrième période, depuis 1804 jusqu'en 1823 ...   47
   § 2. Organisation définitive du collège actuel.
      I. Faits et traités   48
      II. M. Pierre Florand   51
Observations   64

LIMOGES. — IMP. H. DUCOURTIEUX.

www.ingramcontent.com/pod-product-compliance
Lightning Source LLC
LaVergne TN
LVHW051501090426
835512LV00010B/2271